LA ASOMBROSA
ERA DIGITAL
INTELIGENCIA ARTIFICIAL Y ROBÓTICA

Para la explotación en el aula de *La asombrosa era digital,*
existe un material con sugerencias didácticas y actividades
que está a disposición del profesorado en
www.anayainfantilyjuvenil.com

© Del texto: Nerea Luis Mingueza, 2025
© De las ilustraciones: Ignacio Hernández, 2025
Representado por Tormenta
www.tormentalibros.com
© De esta edición: Grupo Anaya, S. A., 2025
Valentín Beato, 21. 28037 Madrid
www.anayainfantilyjuvenil.com

Primera edición, enero 2025

ISBN: 978-84-143-4264-0
Depósito legal: M-24873-2024
Impreso en España - *Printed in Spain*

PAPEL DE FIBRA
CERTIFICADA

LA ASOMBROSA ERA DIGITAL

INTELIGENCIA ARTIFICIAL Y ROBÓTICA

NEREA LUIS MINGUEZA

ILUSTRACIONES DE
IGNACIO HERNÁNDEZ

Índice

¡Hola, mundo!

En este libro vas a descubrir cómo la tecnología ha cambiado y sigue cambiando nuestro mundo. La tecnología incluye todo aquello que usamos para resolver problemas o hacer nuestras vidas más fáciles y divertidas, desde algo tan simple como la rueda hasta algo tan complejo como Internet.

Comenzaremos explorando la historia de los ordenadores, esos maravillosos dispositivos que pasaron de ocupar habitaciones enteras a caber en nuestros bolsillos, y que transformaron nuestra manera de aprender, trabajar y jugar.

También conocerás los secretos de la programación, el arte de escribir instrucciones para que los ordenadores hagan lo que nosotros queramos. Aunque suene complejo, verás que es una habilidad que todos podemos aprender y disfrutar.

No podemos olvidar la magia de Internet, esa red
gigantesca que ha revolucionado nuestras vidas
permitiéndonos acceder a una cantidad infinita
de información y conectarnos instantáneamente
con cualquier lugar del mundo.

Después, nos adentraremos en el asombroso mundo
de los robots, donde descubriremos cómo estos ayudantes
mecánicos están presentes desde las fábricas hasta
los confines del espacio exterior. ¡Y también podemos
programarlos!

Finalmente, abordaremos el fascinante campo de la inteligencia artificial, donde las máquinas aprenden de nosotros y toman decisiones que antes solo estaban al alcance de los humanos. Exploraremos cómo la tecnología, Internet y la inteligencia artificial nos entretienen y nos ayudan en nuestro hogar, y soñaremos con lo que el futuro podría traernos: ¿robots que nos ayuden con las tareas de casa, quizás?, ¿o frigoríficos inteligentes que pidan comida automáticamente?

Espero que te diviertas aprendiendo sobre el increíble mundo digital. ¡Comencemos esta aventura tecnológica!

Historia de los ordenadores

¡Imagínate la vida sin ordenadores! No podrías jugar a videojuegos, ver vídeos o incluso hacer tus tareas escolares tan fácilmente. Pero ¿cómo empezó todo esto? Vamos a embarcarnos en un viaje en el tiempo para descubrirlo.

Los inicios: las máquinas de calcular

Hace mucho tiempo, antes de que existieran
los ordenadores, las personas usaban herramientas simples
para contar, como piedras o palos. Uno de los primeros
inventos fue el ábaco, que se usaba para realizar cálculos
básicos.

Luego, en el siglo XIX, Charles Babbage diseñó
la máquina analítica, que se considera una de las primeras
ideas de una computadora. Aunque no llegó
a construirla completamente, su diseño influyó en
la creación de las computadoras modernas, las precursoras
de los ordenadores.

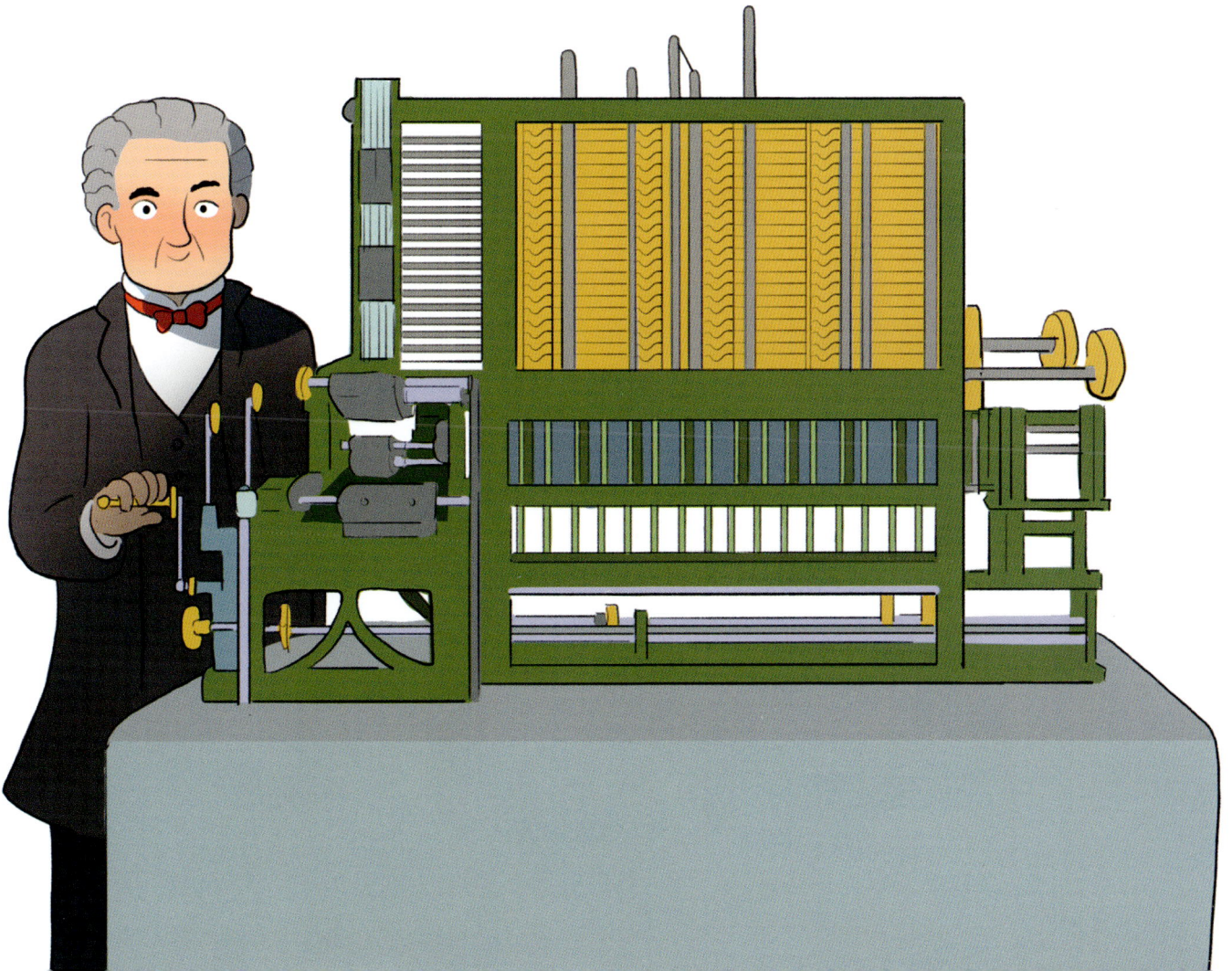

La primera computadora moderna y Alan Turing

La primera computadora moderna se llamó ENIAC
y fue construida en 1945. ¡Ocupaba una habitación entera!
ENIAC podía realizar miles de cálculos por segundo,
algo impresionante para su época. Aunque era enorme y
complicada de usar, fue un gran avance a nivel tecnológico.

También debemos mencionar a Alan Turing, un matemático británico que, durante la Segunda Guerra Mundial, ayudó a descifrar códigos secretos y sentó las bases para la informática moderna. Ideó la máquina de Turing, un concepto clave para entender cómo las computadoras pueden seguir largas listas de instrucciones para hacer tareas.

Los ordenadores personales llegan a casa

En los años 70, los ordenadores se hicieron más pequeños y algo más asequibles.

El Apple I, creado por Steve Jobs y Steve Wozniak, fue uno de los primeros ordenadores personales. Luego vino el IBM PC, que hizo que las computadoras fueran más accesibles para el público general.

Estos ordenadores permitieron a aquellos pioneros aprender a programar, cambiando la forma en que vivían y trabajaban. A mediados de los ochenta ya se enviaban los primeros emojis. :-)

Un poco después, a principios de los noventa,
el sistema operativo Windows, desarrollado por Microsoft,
se popularizó por su facilidad de uso. Microsoft, la empresa
fundada por Bill Gates, se convirtió en la referencia
del ordenador personal *(Personal Computer,* PC).
Aparecieron programas que ayudaban a escribir, dibujar
y hasta componer música.

Pronto, los ordenadores comenzaron a llegar a las escuelas,
a los centros de trabajo... y a las casas. Se popularizaron
programas que ayudaban a los estudiantes a aprender
de una manera divertida. Los profesores también
los usaban para preparar sus clases. En los trabajos
se empezaba a escribir y calcular todo con ordenador.
Comenzaba la era digital.

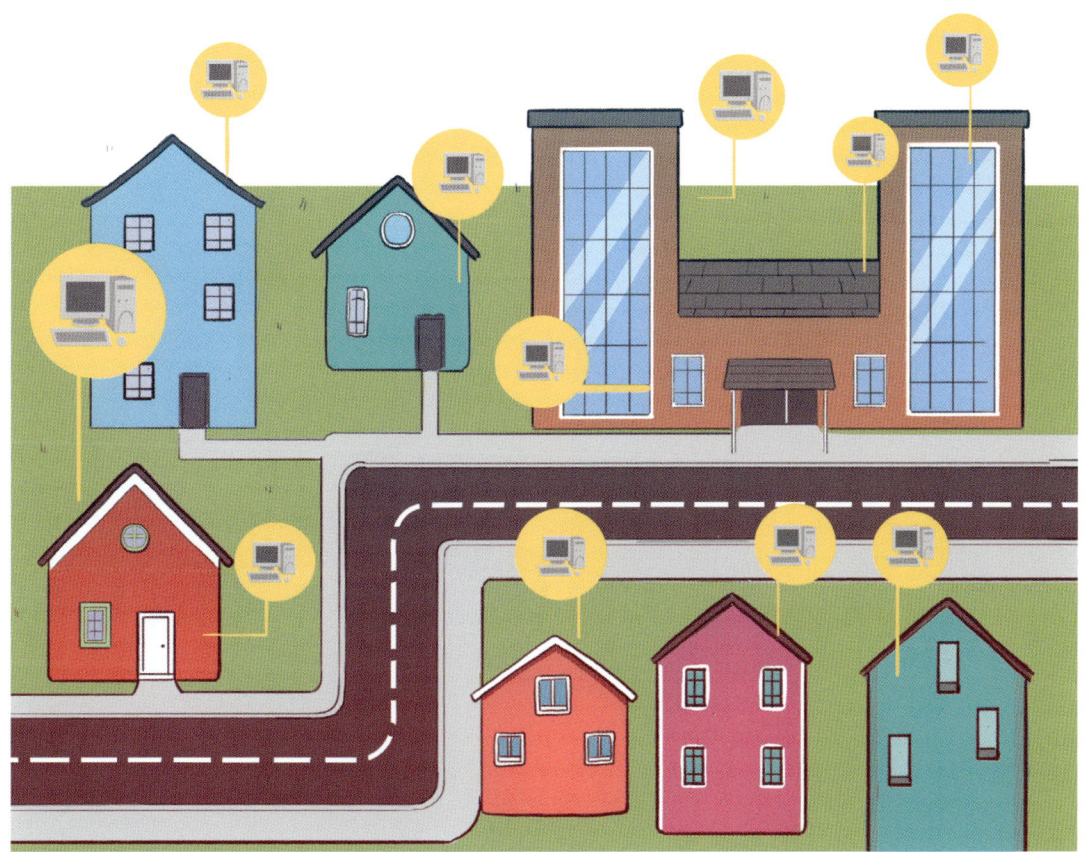

La magia de programar

Programar es como escribir una receta que le dice a un ordenador exactamente qué hacer. Imagina que quieres que un ordenador haga un dibujo. Necesitas darle instrucciones paso a paso para que sepa cómo hacerlo.

Estas instrucciones se llaman «código de programación» y se escriben en lenguajes como Scratch o Python. Luego interviene el compilador, que es la herramienta que traduce estas instrucciones de un lenguaje de programación a un lenguaje que el ordenador pueda entender. Es una especie de intérprete.

En los primeros días de la computación, programar era mucho más complicado. Una de las primeras programadoras fue Ada Lovelace, que trabajó con Charles Babbage en la máquina analítica. Otra figura importante fue Grace Hopper, una científica de la computación que desarrolló uno de los primeros compiladores, facilitando mucho el análisis de errores en el código de programación de aquellos días.

Programación para todos

Hoy en día, programar no es solo para científicos o ingenieros. Cualquiera puede aprender a programar, y hay muchos recursos para empezar.

Herramientas como Scratch permiten crear juegos y animaciones sin necesidad de saber matemáticas complicadas. Es divertido y te permite usar la imaginación.

La programación es una herramienta poderosa porque con ella se pueden resolver problemas de muchas maneras. Por ejemplo, si quieres crear un juego donde un gato persiga un ratón, puedes programar al gato para que se mueva hacia el ratón cuando presionas las teclas de flecha. En Scratch, esto se hace arrastrando bloques de código que dicen «cuando la tecla de flecha derecha sea presionada, mover 10 pasos».

El futuro de la programación

A medida que la tecnología avanza, la programación se vuelve aún más importante. Hoy en día, ser programador es una de las profesiones más demandadas y mejor pagadas. Los programadores crean aplicaciones y juegos, diseñan sitios web, desarrollan *software* para empresas y trabajan en tecnologías innovadoras como la inteligencia artificial y la realidad virtual. Personas como Bill Gates, creador de Microsoft, y Mark Zuckerberg, fundador de Facebook, empezaron programando cuando eran jóvenes, y sus trabajos han cambiado el mundo.

En el futuro, la programación nos ayudará a crear nuevas tecnologías, solucionar problemas y mejorar nuestras vidas. Así que, ¿por qué no empezar ahora y ver a dónde te lleva la magia de programar? ¡Quién sabe, tal vez tú también puedas crear una herramienta que cambie el mundo!

Internet: la red de redes

Internet es como una gran telaraña que conecta ordenadores y móviles de todo el mundo. Gracias a Internet, podemos enviar mensajes, buscar información y ver vídeos, todo en cuestión de segundos. Es una red gigantesca que permite a las personas comunicarse y compartir cosas sin importar el lugar donde estén.

Internet comenzó como un proyecto llamado ARPANET a mitad de los años 60. Lo financió el Departamento de Defensa de los Estados Unidos con el objetivo de compartir información académica a distancia. Con el tiempo, más y más computadoras se conectaron, y en los años 90, Internet se convirtió en lo que conocemos hoy. Tim Berners-Lee inventó la World Wide Web, que hizo que navegar por Internet fuera mucho más fácil y accesible para todos. Este es el motivo de que todas las páginas comiencen por www.

A principios de los 2000, los teléfonos móviles comenzaron a conectarse a Internet. Los primeros móviles con acceso a Internet eran lentos y solo podían mostrar texto, pero mejoraron rápidamente. Con la llegada de los *smartphones,* como el iPhone en 2007, los móviles se convirtieron en pequeñas computadoras que podían hacer prácticamente lo mismo que un ordenador personal.

Cómo funciona Internet

Internet funciona gracias a miles de millones de ordenadores y dispositivos conectados entre sí a través de cables, satélites y señales inalámbricas. Cuando envías un mensaje o buscas algo en Internet, tu dispositivo se comunica con otros para encontrar y enviar la información que necesitas. Imagina que estás tratando de recordar el nombre de una película que te gustó mucho. Sin Internet, tendrías que preguntar a muchas personas y podría llevarte bastante tiempo encontrar la respuesta. Con Internet, puedes buscar algunas pistas como los actores o la trama, y en segundos tendrás el nombre de la película. ¡Rápido y eficaz!

Seguridad en Internet

Hoy en día, usamos Internet para casi todo: aprender, jugar, trabajar y comunicarnos. Podemos hacer videollamadas con amigos y familiares, ver películas, escuchar música, y hasta estudiar y hacer los deberes. ¡Internet nos abre un mundo de posibilidades!

Aunque Internet es una herramienta maravillosa, es importante usarla de manera segura. Nunca compartas tu información personal con extraños, y pregunta a un adulto si algo te parece raro. También es bueno usar contraseñas fuertes y no abrir correos electrónicos de personas que no conoces.

El futuro de Internet es muy emocionante. Habrá conexiones más rápidas y nuevas tecnologías que aún no podemos ni imaginar. El Internet de las Cosas (IoT) permitirá que más dispositivos en nuestras casas estén conectados, como frigoríficos, lavadoras inteligentes o luces que puedes controlar desde el teléfono.

¡Hola, robot!

Un robot es una máquina que puede hacer tareas por sí misma o con ayuda de las personas. Los robots pueden ser de muchas formas y tamaños, y están diseñados para ayudar en diferentes tipos de trabajos.

La palabra *robot* proviene del término checo *robota*, que significa «trabajo forzado» o «esclavo». Fue utilizada por primera vez en 1920 por el escritor Karel Čapek para describir las máquinas creadas para trabajar por los humanos.

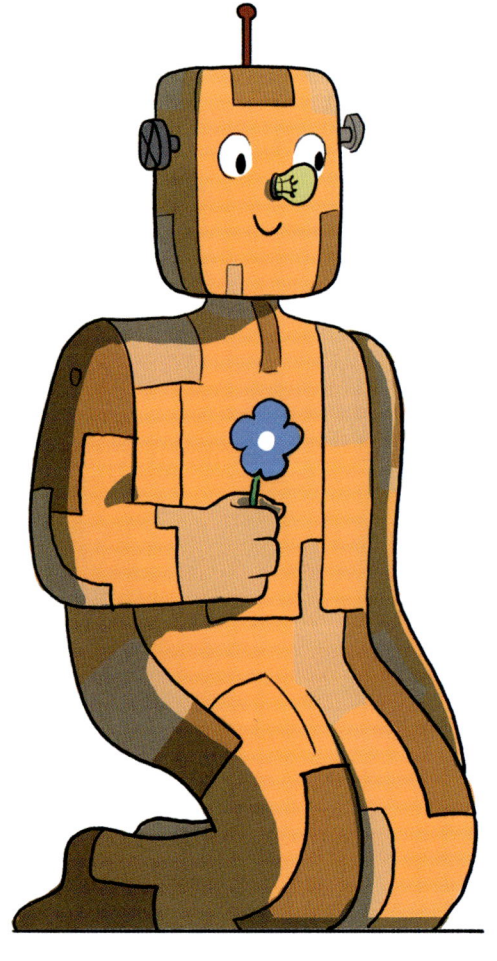

La historia de los robots

La idea de los robots existe desde hace mucho tiempo. En las historias antiguas, se hablaba de estatuas que cobraban vida. No obstante, los primeros robots «reales» aparecieron en las fábricas en el siglo XX.

Un pionero en este campo fue George Devol, quien, en 1961, creó el primer robot industrial, al que llamó Unimate. Este robot ayudó a construir coches en una fábrica y fue un gran éxito.

Otro robot famoso es Shakey, desarrollado en los años 60 en el Instituto de Investigación de Stanford. Shakey fue uno de los primeros robots capaces de tomar decisiones por sí mismo y de moverse en un entorno.

¿Cómo funcionan los robots?

Los robots funcionan gracias a su «cerebro» y a sensores que les ayudan a percibir el mundo que les rodea. Por ejemplo, un robot puede tener sensores para detectar obstáculos y evitar chocar con ellos. Algunos robots también tienen cámaras para ver o micrófonos para oír. Los sensores son como los sentidos del robot, y su cerebro es una especie de ordenador que toma decisiones basadas en la información que recibe.

Pero ¿qué hace que algo sea un robot? Un robot es una máquina que puede realizar tareas de manera autónoma o con poca ayuda humana. Por ejemplo, un robot de limpieza puede moverse y limpiar por sí mismo. En cambio, una aspiradora o una batidora no son robots porque necesitan que alguien los maneje todo el tiempo.

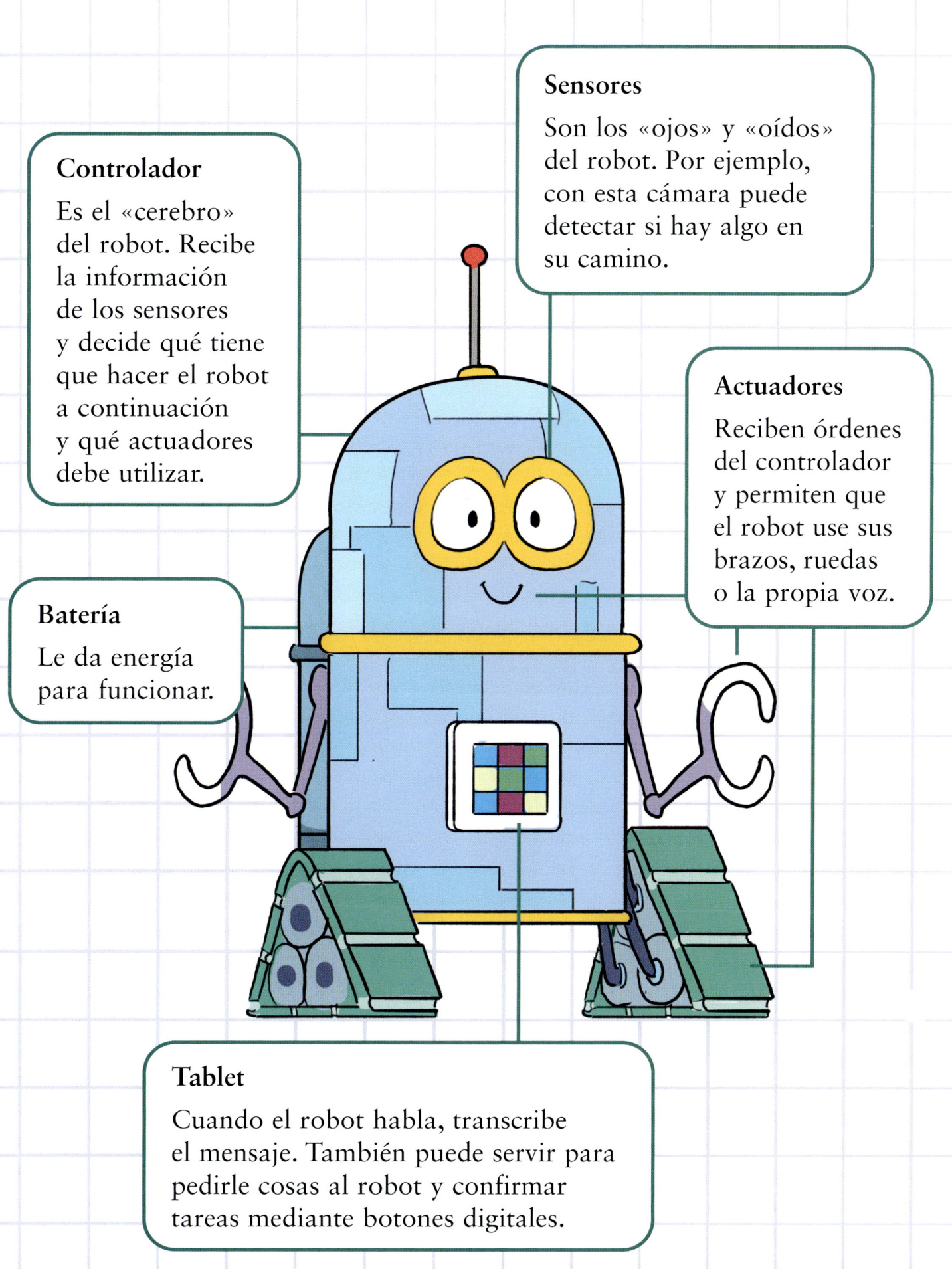

Sensores

Son los «ojos» y «oídos» del robot. Por ejemplo, con esta cámara puede detectar si hay algo en su camino.

Controlador

Es el «cerebro» del robot. Recibe la información de los sensores y decide qué tiene que hacer el robot a continuación y qué actuadores debe utilizar.

Actuadores

Reciben órdenes del controlador y permiten que el robot use sus brazos, ruedas o la propia voz.

Batería

Le da energía para funcionar.

Tablet

Cuando el robot habla, transcribe el mensaje. También puede servir para pedirle cosas al robot y confirmar tareas mediante botones digitales.

Programando robots

Programar un robot es similar a programar en un ordenador. Le das instrucciones paso a paso para que realice una tarea. Por ejemplo, puedes programar un robot para que recoja juguetes del suelo y los coloque en una caja. Esto se hace escribiendo un código que el robot entiende, como decirle «muévete hacia delante», «recoge el juguete» y «lleva el juguete a la caja».

Robots para diferentes sectores

En las fábricas, los robots son esenciales. Ayudan a construir coches, ensamblar dispositivos electrónicos y hasta empaquetar alimentos. Estos robots pueden trabajar muy rápido y con gran precisión, haciendo el proceso más eficiente y seguro para los humanos. Los más famosos son los robots Kuka, en forma de brazo gigante.

Los robots también están revolucionando la medicina. Los hay que realizan cirugías, como el robot Da Vinci, que ayuda a los cirujanos a operar con más precisión y menos invasión. Otro ejemplo es Paro, un robot con forma de foca que brinda compañía y ayuda a pacientes a sentirse mejor. Reacciona al tacto y al sonido, y se usa en terapias para personas mayores y en hospitales para reducir el estrés.

La exploración espacial es otra área donde los robots son cruciales, como los *rovers* Curiosity y Perseverance, que recorren la superficie de Marte. Los *rovers* están equipados con instrumentos científicos para analizar rocas y suelo, buscar signos de vida pasada y enviar datos a la Tierra. Los robots también ayudan en la Estación Espacial Internacional, donde realizan tareas que son peligrosas o tediosas para los astronautas.

El futuro de los robots es muy emocionante. Los avances en inteligencia artificial permitirán a los robots aprender y adaptarse mejor a sus entornos. También interactuar con las personas a través del habla, en nuestro propio idioma.

La inteligencia artificial

La inteligencia artificial, o IA, es una tecnología basada en código de programación que permite a las máquinas aprender a partir de datos. Es como darle una especie de cerebro a los ordenadores para que puedan ayudar a los humanos a resolver problemas de forma más rápida. Por ejemplo, cuando usas una aplicación en el móvil que reconoce tu voz y responde a tus preguntas, eso sucede porque existe un programa de inteligencia artificial detrás.

La idea de la IA comenzó a mediados de los 90, pero uno de los pioneros mucho antes fue Alan Turing. Turing propuso que las máquinas podrían pensar si se les enseñaba cómo. Y, en parte, se ha cumplido: los dispositivos como el ordenador o el móvil pueden realizar tareas que antes solo estaban al alcance de las personas, como jugar al ajedrez o reconocer caras en las fotos.

Cómo aprenden las máquinas

Las máquinas aprenden de manera similar a como aprendemos nosotros. Primero, se les dan muchos datos; por ejemplo, para que un ordenador aprenda a reconocer gatos en las fotos, se le muestran miles de fotos de gatos. Luego, el ordenador encuentra patrones y aprende a identificar gatos por sí mismo. Este proceso se llama «aprendizaje automático» *(machine learning* en inglés) y es una de las áreas de estudio de la IA que más ha crecido.

Un ejemplo clásico de la IA es DeepBlue, una computadora creada por IBM que venció al campeón mundial de ajedrez Garry Kasparov en 1997. DeepBlue podía calcular millones de movimientos por segundo, lo que le permitió vencer a un humano en este juego tan complicado.

Inteligencia artificial en la vida diaria

La inteligencia artificial ya forma parte de nuestras vidas de muchas maneras. Por ejemplo, cuando escribes una pregunta en Google, la IA analiza las palabras que usaste y busca en toda la web para encontrar las páginas más relevantes. Luego, organiza los resultados para mostrarte primero los que cree que son más útiles. Además, como la IA aprende de lo que buscas, mejora sus resultados cada vez.

En las redes sociales, la IA nos recomienda contenido o a quién seguir. Y los videojuegos usan IA para hacer que los personajes con los que te cruzas actúen de manera realista.

Al combinar la IA con los robots, obtenemos robots inteligentes que pueden realizar tareas complejas. Un buen ejemplo son los robots de Boston Dynamics, como Spot y Atlas. Spot puede moverse como un perro y navegar por terrenos difíciles, mientras que Atlas puede caminar, correr e incluso hacer acrobacias. Estos robots son muy útiles en misiones de rescate y en lugares peligrosos para las personas.

En el DARPA Robotics Challenge, robots de todo el mundo compiten para realizar tareas de rescate en situaciones peligrosas, como desactivar bombas o entrar en edificios colapsados. Estos robots usan IA para tomar decisiones rápidas y precisas en ambientes difíciles.

Áreas de la inteligencia artificial

La inteligencia artificial abarca muchas áreas diferentes, cada una con sus propias aplicaciones y desafíos. Aquí hay algunas de las más importantes:

- **Representación del conocimiento:** Estudia la manera en que las máquinas almacenan y organizan la información para entender el mundo. Imagina que una máquina tiene una gran biblioteca donde guarda todo lo que sabe y lo usa para tomar decisiones.

- **Planificación y razonamiento:** Esto permite a las máquinas planear sus acciones y resolver problemas. Por ejemplo, un robot puede planificar la mejor ruta para recoger objetos en una habitación sin chocar con nada.

- **Aprendizaje automático:** Como ya sabes, las máquinas aprenden de los datos. Esto incluye técnicas como redes neuronales y aprendizaje profundo, que permiten a las máquinas mejorar con el tiempo.

- **Visión artificial:** Es la capacidad de las máquinas para ver y entender el mundo a través de cámaras y sensores. Se utiliza, por ejemplo, en coches autónomos y aplicaciones como el reconocimiento de fracturas de huesos.

- **Procesamiento del lenguaje natural:** Permite a las máquinas entender y responder a nuestro lenguaje. Es lo que usan los asistentes de voz como Siri y Alexa para responder a nuestras preguntas.

- **Robótica:** Combina todas estas áreas para crear robots que pueden interactuar con el mundo físico. Los robots utilizan IA para moverse, ver, escuchar y tomar decisiones.

Desafíos y consideraciones éticas

Aunque la inteligencia artificial es muy útil, también plantea algunos desafíos. Es importante asegurarse de que las máquinas tomen decisiones justas y seguras. Por ejemplo, debemos asegurarnos de que los coches autónomos sepan cómo reaccionar en situaciones de emergencia para proteger a todos.

También debemos tener cuidado con los datos
que compartimos en Internet, porque no siempre sabemos
dónde pueden terminar o cómo se utilizarán. Muchos de
estos datos se emplean para entrenar inteligencias artificiales.
No debemos olvidar que las IA son tecnologías desarrolladas
por empresas, que suelen tener un interés económico detrás.

Tecnología en mi día a día

La tecnología no solo nos ayuda a trabajar y estudiar, también nos ofrece muchas formas de divertirnos. Desde videojuegos hasta asistentes inteligentes, la IA está en muchas partes en nuestra vida. Vamos a descubrir cómo la tecnología está haciendo nuestras casas más inteligentes y nuestros juegos más divertidos.

En los videojuegos

Los videojuegos son una de las formas más populares de entretenimiento, y muchos de ellos usan IA. Por ejemplo, los personajes controlados por la computadora, conocidos como NPC *(Non Player Characters),* actúan de manera realista gracias a la IA.

Juegos como Minecraft usan IA para generar mundos infinitos y adaptarse a las acciones del jugador. Otro ejemplo es el FIFA, un juego de fútbol que usa IA para controlar a los jugadores y hacer el partido más emocionante.

En la educación

La IA también está cambiando nuestra forma de aprender. Existen webs educativas que utilizan IA para crear experiencias de aprendizaje interactivas y personalizadas. Por ejemplo, algunas plataformas utilizan IA para adaptar las preguntas de los cuestionarios al nivel de cada estudiante.

También hay simuladores de ciencia, como PhET, que permiten a los estudiantes realizar experimentos virtuales en física y química.

En los deportes

Otro campo en el que se está empleando la IA es el del deporte de élite. Desde hace unos años, existen programas que ayudan a los entrenadores a analizar el rendimiento de los jugadores y planificar estrategias.

Por ejemplo, aplicaciones como HomeCourt o SwingVision usan IA para analizar tus habilidades en el baloncesto y ofrecerte consejos para mejorar.

En la moda

Algunas tiendas de ropa usan IA para recomendarte qué ropa comprar basándose en tus gustos y en lo que ya tienes. Además, hay espejos inteligentes que muestran cómo te quedaría una prenda sin que te la pongas. Empiezan a aparecer algunas aplicaciones que utilizan realidad aumentada para que puedas probarte ropa virtualmente y ver cómo te quedaría antes de comprarla.

Tecnología para el ocio y la creatividad

La tecnología también está transformando otras áreas del ocio y la creatividad. Existen aplicaciones que utilizan IA para ayudar a componer música o a crear textos e imágenes. Esto ha suscitado un intenso debate en la sociedad, por ejemplo, sobre si algo tan humano como el arte debe caer en manos de las máquinas. También está la cuestión de cómo se han creado estas IA, pues en muchos casos ha sido sin el consentimiento de los autores de las obras que se han empleado para entrenar estos modelos. En los próximos años tendremos que decidir qué uso queremos hacer de esta tecnología y cuáles deberían ser sus límites.

Tecnología y robótica en casa

La robótica y la IA también se están integrando poco a poco en nuestras casas. Los robots de limpieza, como Roomba, utilizan IA para mapear la casa y limpiar de manera eficiente. También hay robots educativos como LEGO Mindstorms, o plataformas como Arduino que enseñan a los niños a programar y construir sus propios robots. Estos juguetes también fomentan habilidades importantes como la lógica y la creatividad.

Los asistentes inteligentes, como Alexa de Amazon, Google Assistant y Siri de Apple, son ejemplos de IA. Estos dispositivos pueden responder preguntas, reproducir música, configurar alarmas y controlar otros dispositivos inteligentes en casa. Por ejemplo, puedes pedirle a Alexa que apague las luces, ajuste el termostato, o incluso que te lea un cuento antes de dormir.

El futuro de la tecnología en el hogar es muy emocionante. Con el tiempo, veremos casas aún más inteligentes, donde todos los dispositivos están conectados y pueden comunicarse entre sí. Imagina un futuro donde tu frigorífico haga automáticamente la lista de la compra cuando se esté acabando la comida. ¡El futuro está lleno de posibilidades sorprendentes!

El futuro de la tecnología

El futuro de la tecnología es muy emocionante. Todos los días, los científicos e ingenieros investigan y diseñan nuevas herramientas, materiales y dispositivos que cambiarán nuestras vidas de maneras que ni siquiera podemos imaginar. Vamos a explorar algunas de las increíbles tecnologías que podrían ser parte de nuestro futuro.

Imagina un futuro donde el primer coche que te compres de mayor sea un **coche autónomo.** Estos coches se conducirán solos, llevando a las personas a sus destinos de manera segura y eficiente sin que tengan que tocar el volante. Utilizan sensores e inteligencia artificial para entender el tráfico y tomar decisiones en la carretera, haciendo los viajes más seguros y cómodos.

La **realidad virtual** (VR) y la **realidad aumentada** (AR) seguirán mejorando y asombrándonos en los próximos años. Con la realidad virtual, podrás ponerte unas gafas y transportarte a cualquier lugar del mundo, o incluso a mundos fantásticos de tus videojuegos favoritos.

La realidad aumentada, por otro lado, añade elementos digitales al mundo real, y en el futuro lo hará con más realismo. Por ejemplo, podrías usar una *tablet* para ver dinosaurios caminando por tu salón o para aprender sobre el sistema solar con planetas que flotan a tu alrededor.

La tecnología puede ser una gran aliada para proteger nuestro planeta contra el **cambio climático.** Se están desarrollando nuevas tecnologías que pueden limpiar los océanos, reducir la contaminación y conservar la energía. Por ejemplo, podríamos tener robots submarinos que recojan plásticos del océano o dispositivos en nuestras casas que ahorren agua y energía automáticamente.

La inteligencia artificial será aún más potente en el futuro, y será clave en **nuevos descubrimientos científicos.**
Un ejemplo es AlphaFold 3, desarrollado por DeepMind. AlphaFold puede predecir cómo se pliegan las proteínas en nuestro cuerpo, lo cual es crucial para entender enfermedades y desarrollar nuevos tratamientos.
¡Es un trabajo tan relevante para la ciencia que ha sido premiado en 2024 con el Nobel de Química!
El proyecto GNOME, por su parte, utiliza IA para descubrir nuevos materiales que podrían revolucionar las edificaciones o la ropa del futuro.

Consejos para futuras mentes tecnológicas

Si quieres formarte en tecnología, ya sea en robótica, en programación o en inteligencia artificial, lo más importante es tener curiosidad y no dejar de aprender nunca. Lee libros, ve tutoriales *online*, participa en eventos y ferias de ciencia y tecnología, y no temas preguntar cómo funcionan las cosas a tu alrededor. Cuanta más información tengas, más ideas innovadoras podrás desarrollar.

La mejor manera de aprender sobre tecnología es experimentando con tus propias manos y un ordenador. No tengas miedo de cometer errores; de hecho, muchos inventos importantes se descubrieron por accidente. Prueba diferentes proyectos de robótica, programación y electrónica. Aprende programación, crea tus propios juegos o tu propia web, construye robots y haz experimentos en casa. Lo más importante es que te diviertas mientras aprendes.

La tecnología es un campo donde trabajar en equipo puede llevar a grandes descubrimientos. El mundo del *open source* (código abierto) es increíblemente importante en tecnología. El *open source* significa que el código de un programa está disponible para que cualquier persona lo vea, lo use y lo mejore. Es una manera fantástica de aprender cómo funcionan las cosas y colaborar con otras personas en proyectos interesantes. Puedes encontrar y contribuir a proyectos *open source* en plataformas como GitHub, donde programadores de todo el mundo trabajan juntos para crear *software*.

Como ya sabes, la tecnología no solo consiste en ordenadores y robots. También está presente en la medicina, el medio ambiente, el arte, la moda y muchas otras áreas. Mantén la mente abierta y explora cómo la tecnología puede aplicarse en diferentes campos. Tal vez te interese crear aplicaciones que ayuden a cuidar el medio ambiente, o desarrollar tecnologías que mejoren la salud de las personas.

Estudia la vida y los logros de referentes tecnológicos y científicos. Aprende cómo resolvieron problemas y desarrollaron sus ideas. Personas contemporáneas como Katie Bouman, Manuela Veloso, Luz Rello o Elena García Armada enfrentaron muchos desafíos, pero con perseverancia y creatividad lograron cambiar el mundo. Sus historias pueden inspirarte y enseñarte valiosas lecciones.

Recuerda: el futuro de la tecnología depende de personas como tú. Con tu creatividad, curiosidad, inquietud y ganas de aprender, dispones de los ingredientes perfectos para contribuir a mejorar el mundo. La tecnología es solo una herramienta que, usada correctamente, te hará soñar a lo grande. ¡El futuro está en tus manos!